Wolfgang Amadeus

MOZART

REQUIEM
in D minor
K. 626

Edited by

Richard W. Sargeant, Jr.

Study Score

Partitur

SERENISSIMA MUSIC, INC.

ORCHESTRA

2 Basset Horns (F)

2 Bassoons

2 Trumpets (C)*

3 Trombones

Timpani

Organ

Violin I

Violin II

Viola

Violoncello

Double Bass

*The present score has been updated for the common keys of modern instruments (Clarinets in A or B-flat, Horns in F, Trumpets in C). The composer's original score featured Trumpets in D and B-flat

Duration: ca. 60 minutes

Premiere: January 2, 1793
Vienna, Austrian Empire
Jahnschen Saal (Benefit for Constanze Mozart)
Soli, Chorus and Orchestra

ISMN: 979-0-58042-126-5
This score is a newly engraved urtext edition prepared from the holograph manuscript of Mozart's fragment with Süssmayr's completion and other the primary sources.

Printed in the USA
First Printing: September, 2018

REQUIEM IN D MINOR

K. 626

1. Introitus - Requiem

Wolfgang Amadeus Mozart
Compleation by Franz Xaver Süßmayr
Edition and organ realization by Richard W. Sargeant, Jr.

6
8
B. H. 1 2
Bn. 1 2
Tpt. 1 2
Trb. 1 2
Bass
Timp.
S.
Re - qui-em æ-ter -
A.
Re - qui-em æ-ter - nam do - na
T.
Re - qui-em æ-ter - - nam do - na
B.
Re - qui-em æ-ter - nam, æ - ter - nam do - na
Org.
Vn. 1 2
Va.
Vc.
Cb.

11
B. H. 1 2
Bn. 1 2
Tpt. 1 2
f
Trb. 1 2
Bass
Timp.
f
S.
nam do-na e - is Do-mi-ne, re - qui - em æ - ter - nam do-na e - is Do - mi-ne:
A.
e - is Do - mi-ne, do-na e - is Do-mi-ne, do-na e - is Do - mi-ne:
T.
e - is Do - mi-ne, re - qui-em æ-ter - nam do - na e - is Do-mi-ne, e - is Do - mi-ne:
B.
e - is, do - na, do-na e - is Do-mi-ne, re-qui-em æ - ter-nam do-na e - is Do - mi-ne:
Org.
11
Vn. 1 2
Va.
Vc.
Cb.

15
B. H. 1 2
Bn. 1 2
Tpt. 1 2
Trb. 1 2
Bass
Timp.
S.
et lux per-pe - tu-a, et lux per-pe - tu-a lu - ce at, lu - ce-at e - -
A.
et lux per-pe - tu-a, et lux per-pe - tu-a lu - ce at, lu - ce-at e - -
T.
et lux per-pe - tu-a, et lux per-pe - tu-a lu - ce at, lu - ce-at e - -
B.
et lux per-pe - tu-a, et lux per-pe - tu-a lu - ce at, lu - ce-at e - -
Org.
tasto solo
15
Vn. 1 2
Va.
Vc.
Cb.

19
B. H. 1 2
Bn. 1 2
Tpt. 1 2
Trb. 1 2
Bass
Timp.
Sop.
p
Te de - cet hy - mnus De - us in Si -
S.
is.
A.
is.
T.
is.
B.
is.
Org.
tasto solo
19
Vn. 1
2
Va.
Vc.
Cb.

23
26
B. H. 1 2
a2
f
Bn. 1 2
a2
Tpt. 1 2
1 2
Trb.
Bass
Timp.
Sop.
on, et ti - bi red-de - tur vo-tum in Je-ru - sa-lem:
S.
A.
Ex-au - di,
T.
Ex - au - di, ex -
B.
Ex - au - di, ex -
Org.
6♭ – – 6 6
Vn.
1
2
Va.
Vc.
Cb.

27
B. H. 1 2
Bn. 1 2
Tpt. 1 2
Trb. 1 2
Bass
Timp.
S.
Ex - au - - di o - ra - ti - o - nem me - am,
A.
ex - au - di, ex - au - di o - ra - - ti - o - nem me - am, ad te,
T.
au - di, ex - au - di o - ra - ti - o - nem me - - - am, ad te, ad
B.
au - di, ex - au - di, ex - au - di o - ra - ti - o - nem me - am, ad te, ad
Org.
27
Vn. 1 2
Va.
Vc.
Cb.

30
B. H. 1 2
Bn. 1 2
Tpt. 1 2
Trb. 1 2
Trb. Bass
Timp.
S.
ad te o - - mnis ca - ro ve - - - ni - et.
A.
ad te o - mnis, o - mnis ca - ro ve - ni - et.
T.
te o - - - - mnis, o - mnis ca - ro ve - - - ni - et.
B.
te, ad te o - mnis, o - mnis ca - ro ve - - - ni - et.
Org.
tasto solo
30
Vn. 1 2
Va.
Vc.
Cb.

33
34
B. H. 1 2
Bn. 1 2
Tpt. 1 2
Trb.
Bass
Timp.
S.
A.
Do - na, do - na e - - is
T.
Re -
B.
Re - qui - em æ - ter - - - - - - -
Org.
Vn.
Va.
Vc.
Cb.

36
B. H. 1 2
Bn. 1 2
Tpt. 1 2
Trb. 1 2
Bass
Timp.
S.
Do - na, do - na e - - - - - - is Do - mi - ne, do - - na,
A.
Do - mi - ne, do - na, do - na e - - - is re - - qui - em æ - ter - - -
T.
- qui - em æ - ter - - - - nam do - na, do - na
B.
nam do - na, do - - na e - is, e - is
Org.
Vn. 1 2
Va.
Vc.
Cb.

39
B. H. 1 2
Bn. 1 2
Tpt. 1 2
Trb. 1 2
Bass
Timp.
S.
do - na e - is re - qui-em æ - ter - nam, æ - ter -
A.
- nam, do-na, e-is Do-mi-ne, do - na e - is, do - na
T.
e - - is, do - na e-is, do - na, do -
B.
Do - mi-ne, do - na, do - na e - is, do - na
Org.
6 6 4 3 6 6 6 3♯ 6 6♯
39
Vn. 1 2
Va.
Vc.
Cb.

42
43
B. H. 1 2
Bn. 1 2
Tpt. 1 2
Trb. 1 2
Bass
Timp.
S.
nam, æ - ter - - - - nam: et lux per-pe - tu-a, et lux per-pe - tu-a
A.
e - is, do - - na: et lux per - pe - tu-a, et lux per -
T.
na, do - - na: et lux per - pe - tu-a, et lux per -
B.
e - - is, do - - - na: et lux per - pe - tu-a, et lux per -
Org.
Vn. 1 2
Va.
Vc.
Cb.

45
B. H. 1 2
Bn. 1 2
attacca
Tpt. 1 2
Trb. 1 2
Bass
Timp.
attacca
S.
lu - ce-at e-is, et lux per - pe-tu-a lu - ce-at e - - is.
A.
pe-tu-a lu - ce-at e-is, et lux per - pe-tu-a lu - ce-at e - - is.
T.
pe-tu-a lu - ce-at e-is, et lux per - pe-tu-a lu - ce-at e - - is.
B.
pe-tu-a lu - ce-at e-is, et lux per - pe-tu-a lu - ce-at e - - is.
Org.
attacca
45
Vn. 1 2
Va.
Vc.
Cb.
attacca

2. Kyrie

Allegro
Basset Horn 1 2
Bassoon 1 2
a2
Trumpet (C) 1 2
1.
Trombone 1 2
Bass
Timpani
Soprano
Kyrie - ri -
Alto
Chri-ste e-le - - - - - - - - - - - - i -
Tenor
Bass
Ky - ri - e e - le - i - son, e - le - - - - - - - - - - - - i -
Organ
tasto solo
2 5♯ 7 3♯
Allegro
Violin 1 2
Viola
Violoncello
Contrabass

8
5
B. H. 1 2
Bn. 1 2
Tpt. 1 2
Trb. 1 2
Bass
Timp.
S.
e e - le - i - son, e - le - i - son, e-
A.
son, Ky - ri - e e-
T.
Chri-ste e - le - i - son, e - le -
B.
son, e - le - i - son, Ky - ri - e e - le - i - son, e - le - i - son,
Org.
Vn. 1 2
Va.
Vc.
Cb.

9
B. H. 1 2
Bn. 1 2
Tpt. 1 2
f
Trb. 1 2
Bass
Timp.
f
S.
le - i - son, e - le - i - son, e - le - i - son, Chri-ste e -
A.
le - i - son, e - le - i-son, e - le - i - son,
T.
- i - son, Ky - ri - e e - le - i -
B.
Chri-ste e - le - i - son, e -
Org.
9
Vn. 1 2
Va.
Vc.
Cb.

13
B. H. 1 2
Bn. 1 2
Tpt. 1 2
1 2
Trb.
Bass
Timp.
S.
le - - - - - - - - - - - - - - - - i - son, Ky - ri -
A.
e - le - - - - i - son, e - le - i - son, e - le - - - - - i -
T.
son, e - le -
B.
le - - - - i - son, e - le - i - son, e - le - i - son, e - le - - i -
Org.
13
Vn. 1
2
Va.
Vc.
Cb.

17
20
B. H. 1 2
Bn. 1 2
Tpt. 1 2
a2
Trb.
Bass
Timp.
S.
e e - le - i - son, e - le - - - - - - - - - - i - son,
A.
son, Ky - ri - e e - lei - son, e - lei - son, e - le - - - - - i - son,
T.
- i - son, e - le - - - - - - i - son, Ky - ri - e e -
B.
son, Chri - ste e - le - - - - - - - - - - - - - - - - -
Org.
Vn. 1 2
Va.
Vc.
Cb.

21
B. H. 1 2
Bn. 1 2
Tpt. 1 2
1 2
Trb.
Bass
Timp.
S.
Chri-ste e-le - - - - - - - - - - - - - i-son,
A.
Chri-ste e-le - - - - - - - - - - - - i-son, Chri-ste e-
T.
le - i-son, e-le - - - - - - - - - - - - - - - - i-
B.
- i-son, Ky - ri - e e - le - i-
Org.
21
Vn. 1
2
Va.
Vc.
Cb.

25
B. H. 1 2
Bn. 1 2
Tpt. 1 2
Trb.
Bass
Timp.
S.
Kyrie eleison
A.
leison, eleison, ele-
T.
son, eleison, Christe e-
B.
son, eleison,
Org.
Vn. 1 2
Va.
Vc.
Cb.

31
29
B. H. 1 2
Bn. 1 2
Tpt. 1 2
Trb. 1 2
Bass
Timp.
S.
son, e-le - - - - - - - i-son, e-le - - i - son, e-le - i-
A.
- - - - - - - - - i-son, Ky - ri-
T.
le - - - - i-son, Chri-ste e-le - - - - - - - - - i-
B.
Ky - ri-e e-le - i-son, e-le - - - - - - i-son,
Org.
31
29
Vn. 1 2
Va.
Vc.
Cb.

33
36
B. H. 1 2
Bn. 1 2
Tpt. 1 2
1 2
Trb.
Bass
Timp.
S.
son, e - le - - i - son, Chri - ste e -
A.
e e - le - i - son, Chri - ste e - le - - - - - i -
T.
son, e - le - i - son, Chri - ste e le - - - - - i - son, e - le - - - i -
B.
Chri - ste e - le - - - - - i - son, e - le - - i - son,
Org.
3♭ 3♭ – 3♮ – – – 6 6♭ 5 6 6 6 4 3♭ – 3♮ – 6 – 3♮ – 6 3♮ – 6 – 3♯ –
33
36
1
Vn.
2
Va.
Vc.
Cb.

40

37

B. H. 1 2

Bn. 1 2

Tpt. 1 2

f

Trb. 1 2

Bass

Timp.

f

S.

le - - - - - i - son, e - le - - - i - son, Chri-ste e - le - -

A.

son, e - le - - - i - son, Ky - ri-e e-lei - son, e - le - - - - i-son, e - le -

T.

son, e - le - i - son, Ky - ri-e, Ky - ri - e e - le - i - son, Ky - ri - e

B.

Chri-ste e - le - - - - - i - son, Ky - ri - e e - le - i-son, e-

Org.

40

37

Vn. 1 2

Va.

Vc.

Cb.

41
B. H. 1 2
Bn. 1 2
Tpt. 1 2
f
Trb. 1 2
Bass
Timp.
f
S.
- - - - - - - - - - - - i-son, e - le - i - son, e - le - i - son,
A.
i son, Ky - ri - e e - le - i - son, Ky - ri - e e - le - i -
T.
e - le - i - son, e - le - - - - - i - son, e - le - i - son, e - le - i - son, e - le - -
B.
le - - - - - - - - - - - - i - son, e - le - i - son, Chri-ste e -
Org.
41
Vn. 1 2
Va.
Vc.
Cb.

45
B. H. 1 2
Bn. 1 2
Tpt. 1 2
Trb. 1 2
Bass
Timp.
S.
Chri - ste e - le - - - - - - i - son, Chri - ste e -
A.
son, e - le - - i - son, Chri - ste e - le - - - - - - - i -
T.
- - - - - i - son, e - le - i - son, e - le - i - son, e - le - i -
B.
le - - - - - - i - son, e - le - i - son, e - le - i - son, e -
Org.
5 – 6 6 4 5 6 – – – – 6 – 3♯ – 6 – 3♯ – 6 6 4 3♯ 6 6 4 3♯ 7 ♯
45
Vn. 1 2
Va.
Vc.
Cb.

48
Adagio
B. H. 1 2
Bn. 1 2
Tpt. 1 2
f
Trb. 1 2
Bass
Timp.
f
S.
le - - - - - - - i-son, e-le - i - son, Ky-ri-e e - le - i - son.
A.
son, Ky - ri-e, Ky - ri-e e - le - i-son, Ky-ri-e e - le - i-son.
T.
son, Ky - ri-e, Ky - ri-e e - le - i-son, Ky-ri-e e - le - i - son.
B.
le - - i-son, e-le - - i-son, e-le - i-son, Ky-ri-e e - le - i-son.
Org.
48
Adagio
Vn. 1 2
Va.
Vc.
Cb.

3. Sequenz - Dies iræ

10
6
B. H. 1 2
Bn. 1 2
Tpt. 1 2
1 2
Trb.
Bass
Timp.
S.
vil - la: te - ste Da - vid cum Si - byl - la. Quan - - tus
A.
vil - la: te-ste Da - vid cum Si - byl - la. Quan - - tus
T.
vil - la: te-ste Da - vid cum Si - byl - la. Quan - - tus,
B.
vil - la: te-ste Da - vid cum Si - byl - la. Quan - - tus
Org.
tasto solo
Vn.
Va.
Vc.
Cb.

11
B. H. 1 2
Bn. 1 2
Tpt. 1 2
f
1 2
Trb.
Bass
Timp.
f
S.
tre - mor est fu - tu - rus, quan - - do ju - dex est ven - tu - rus,
A.
tre - mor est fu - tu - rus, quan - - do ju - dex est ven - tu - rus,
T.
quan - tus tre - mor est fu - tu - rus, quan - - do ju - dex est ven -
B.
tre - mor est fu - tu - rus, quan - - do ju - dex est ven - tu - rus,
Org.
11
Vn. 1 2
Va.
Vc.
Cb.

16
B. H. 1 2
Bn. 1 2
a2
Tpt. 1 2
Trb. 1 2
Bass
Timp.
S.
cun - cta stri - cte dis - cus - su - - rus!
A.
cun - cta stri - - cte dis - cus - su - - rus!
T.
tu - rus, cun - cta stri - cte, stri - cte dis - cus - su - - rus!
B.
cun - cta stri - cte dis - cus - su - - rus!
Org.
16
Vn. 1 2
Va.
Vc.
Cb.

22
20
B. H. 1 2
Bn. 1 2
a2
Tpt. 1 2
a2
Trb. 1 2
Bass
Timp.
S.
Di - es i - ræ, di - es
A.
Di - es i - ræ, di - es
T.
Di - es i - ræ, di - es
B.
Di - es i - ræ, di - es
Org.
Vn. 1 2
Va.
Vc.
Cb.

25
B. H. 1 2
Bn. 1 2
a2
Tpt. 1 2
1 2
Trb.
Bass
Timp.
S.
il - la, solvet sæ-clum in fa-vil-la: te - ste Da - vid cum Si - byl - la.
A.
il - la, solvet sæ-clum in fa-vil-la: te-ste Da - vid cum Si - byl - la.
T.
il - la, solvet sæ-clum in fa vil-la: te-ste Da - vid cum Si - byl - la.
B.
il - la, solvet sæ-clum in fa-vil-la: te-ste Da - vid cum Si - byl - la.
Org.
25
Vn. 1 2
Va.
Vc.
Cb.

31
30
B. H. 1 2
Bn. 1 2
Tpt. 1 2
1 2
Trb.
Bass
Timp.
S.
Quan - - tus tre - mor est fu - tu - rus, quan - - do
A.
Quan - - tus tre - mor est fu - tu - rus, quan - - do
T.
Quan - - tus tre - mor est fu - tu - rus, quan - - do
B.
Quan - - tus tre - mor est fu - tu - rus, quan - - do
Org.
30
31
Vn. 1
2
Va.
Vc.
Cb.

35
B. H. 1 2
Bn. 1 2
Tpt. 1 2
1 2
Trb.
Bass
Timp.
S.
ju - dex est ven - tu - rus, cun - cta stri - cte dis - cus -
A.
ju - dex est ven - tu - rus, cun - cta stri - cte dis - cus -
T.
ju - dex est ven - tu - rus, cun - cta stri - cte dis - cus -
B.
ju - dex est ven - tu - rus, cun - cta stri - cte dis - cus -
Org.
35
Vn. 1
2
Va.
Vc.
Cb.

40
41
B. H.
Bn.
a2
Tpt.
Trb.
Bass
Timp.
S.
su - rus! Di - es i - ræ, di - es
A.
su - rus! Di - es i - ræ, di - es
T.
su - rus! Di - es i - ræ, di - es
B.
su - rus! Quan - tus tre - mor est fu - tu - rus,
Org.
tasto solo
Vn.
Va.
Vc.
Cb.

44
B. H. 1 2
Bn. 1 2
Tpt. 1 2
fz
1 2
Trb.
Bass
Timp.
fz
S.
il - la, di - es i - ræ, di - es
A.
il - la, di - es i - ræ, di - es
T.
il - la, di - es i - ræ, di - es
B.
quan - tus tre - mor est fu - tu - rus,
Org.
tasto solo
44
Vn. 1
2
Va.
Vc.
Cb.

48
49
B. H. 1 2
Bn. 1 2
Tpt. 1 2
Trb. 1 2
Bass
Timp.
S.
A.
T.
B.
Org.
Vn. 1 2
Va.
Vc.
Cb.
sf
fz
tasto solo
il - la,
quan - tus tre - mor est fu -
quan - tus tre - mor est fu - tu - rus, quan - tus tre - mor est fu -

52
B. H. 1 2
Bn. 1 2
a2
Tpt. 1 2
f
1 2
Trb.
Bass
Timp.
f
S.
tu - rus, quan-do ju - dex est ven - tu - rus, cun-cta stri - cte dis - cus - su - rus,
A.
tu - rus, quan-do ju - dex est ven - tu - rus, cun-cta stri - cte dis - cus - su - rus,
T.
tu - rus, quan-do ju - dex est ven - tu - rus, cun-cta stri - cte dis - cus - su - rus,
B.
tu - rus, quan-do ju - dex est ven - tu - rus, cun-cta stri - cte dis - cus - su - rus,
Org.
tasto solo
52
Vn. 1 2
Va.
Vc.
Cb.

57
B. H. 1 2
sf
Bn. 1 2
sf
a2
Tpt. 1 2
1.
1 2
Trb.
Bass
Timp.
S.
cun - - cta stri - cte, stri - cte dis - cus - su -
A.
cun - - cta stri - cte, stri - cte dis - cus - su -
T.
cun - - cta stri - cte, stri - cte dis - cus - su -
B.
cun - - cta stri - cte, stri - cte dis - cus - su -
Org.
5 6 7 7 4 3♯
57
Vn. 1 2
Va.
Vc.
Cb.

61
B. H. 1 2
sf
Bn. 1 2
a2
sf
Tpt. 1 2
1 2
Trb.
Bass
Timp.
S.
rus, cun - - cta stri - cte, stri - cte dis - cus - su - -
A.
rus, cun - - cta stri - cte, stri - cte dis - cus - su - -
T.
rus, cun - - cta stri - cte, stri - cte dis - cus - su - -
B.
rus, cun - - cta stri - cte, stri - cte dis - cus - su - -
Org.
61
Vn. 1 2
Va.
Vc.
Cb.

65
B. H. 1 2
Bn. 1 2
Tpt. 1 2
1 2
Trb.
Bass
Timp.
S.
rus!
A.
rus!
T.
rus!
B.
rus!
Org.
65
Vn. 1
2
Va.
Vc.
Cb.

Tuba mirum

Andante
Basset Horn 1 2
Bassoon 1 2
Trombone 2
Solo Soprano
Solo Alto
Solo Tenor
Solo Bass
Tu - ba mi-rum spar-gens so - - - - - - - - - - - - num,
Andante
Violin 1
2
Viola
Violoncello
Contrabass
8
Trb. 2
Bass
tu - - ba mi-rum spar-gens so-num per se-pul-chra re-gi-o-num, co-get
8
Vn. 1
2
Va.
Vc.
Cb.

18
Trb. 2
Ten.
Mors stu-pe-bit et na-tu-ra, cum re-
Bass
o-mnes an-te thro-num, co-get o-mnes an-te thro - - num.
Vn.
Va.
Vc.
Cb.
fp
20
sur-get cre-a-tu-ra, ju-di-can-ti re-spon-su-ra. Li-ber scrip-tus pro-fe-
f
p

26
Trb. 2
f
fp
Ten.
re - tur, in quo to - tum con - ti - ne - tur, un - - de mun - dus, mun - dus
26
Vn.
1
2
Va.
Vc.
Cb.
32
34
Trb. 2
Alto
Ju - dex er - go cum se - de - bit, quid - quid
Ten.
ju - - di - ce - - - tur.
32
34
cresc.
f
p
sf

40
B. H. 1 2
Bn. 1 2
Sop.
Quid sum mi - ser tunc di - ctu - rus? Quem pa-
Alto
la - tet, ap - pa - re - bit: nil in - ul - tum re - ma - ne - bit.
Vn. 1 2
Va.
Vc.
Cb.
p
B. H. 1 2
Bn. 1 2
Sop.
tro - num ro - ga - tu - rus? Cum vix ju - stus, ju - stus sit se - cu - rus,
Vn. 1 2
Va.
Vc.
Cb.
mfp
p

51
B. H.
Bn.
Trb. 2
sotto voce
Sop.
cum vix ju-stus, ju-stus sit se-cu-rus,
Alto
Cum vix ju-stus, ju-stus sit se-cu-rus,
Ten.
Cum vix ju-stus, ju-stus sit se-cu-rus,
Bass
Cum vix ju-stus, ju-stus sit se-cu-rus,
51
Vn.
Va.
Vc.
Cb.

57
B. H.
Bn.
Trb. 2
Sop.
Alto
Ten.
Bass
cum vix ju - stus, vix ju - stus sit se - cu - - - rus.
cresc.
Vn.
Va.
Vc.
Cb.

Rex tremendæ

4
6
B. H. 1 2
Bn. 1 2
Tpt. 1 2
Trb. 1 2
Bass
Timp.
S.
A.
T.
B.
Org.
Vn. 1 2
Va.
Vc.
Cb.
ff
Rex,
Rex,
Rex tre-men - dæ ma - je -

B. H. 1 2
Bn. 1 2
Tpt. 1 2
Trb. 1 2
Bass
Timp.
S.
sta - tis, Rex tre - men - - - - dæ ma - je - sta - - - - tis, Rex tre -
A.
sta - tis, Rex tre - men - - - - dæ ma - je - sta - - - - - - tis, Rex tre - men - - -
T.
sta - tis, qui sal - van - dos sal - vas gra - tis, qui sal -
B.
sta - tis, qui sal - van - dos sal - vas gra - tis,
Org.
Vn. 1 2
Va.
Vc.
Cb.

12

10

B. H. 1 2

Bn. 1 2

Tpt. 1 2

f

Trb. 1 2

Bass

Timp.

f

S.: men - - - - - dæ ma - je - sta-tis, Rex tre-men-dæ ma - je - sta - tis, qui sal -

A.: - dæ ma - je - sta - - - - tis, Rex tre-men-dæ ma - je - sta - tis,

T.: van - dos sal - vas gra - - tis, Rex tre-men-dæ ma - je - sta - tis, Rex tre - men - - - -

B.: sal - vas gra - - - - - tis, Rex tre-men-dæ ma - je - sta - tis, Rex tre -

Org.

7 – – – – 7 – – – 6♯ – – 6   6 6 6♮ 6 6 5   3♯ – – 5 – – – – – – –
♯ – – – 4 – – 5

12

10

Vn. 1 2

Va.

Vc.

Cb.

13
B. H. 1 2
Bn. 1 2
Tpt. 1 2
f
1 2
Trb.
Bass
Timp.
f
S.
van - dos sal - vas gra - tis, Rex tre - men - dæ, Rex tre - men - dæ ma - je -
A.
qui sal - van - dos sal - vas gra - tis, Rex tre - men - dæ ma - je -
T.
- dæ ma - je - sta - - - tis, Rex tre - men - - - dæ, Rex tre - men - dæ ma - je -
B.
men - - - dæ ma - je - sta - - - tis, Rex tre - men - dæ, Rex tre - men - dæ ma - je -
Org.
13
Vn. 1 2
Va.
Vc.
Cb.

18
16
B. H. 1 2
Bn. 1 2
Tpt. 1 2
1 2
Trb.
Bass
Timp.
S.
sta - tis, qui sal-van - dos sal-vas gra - tis, Sal - va me,
A.
sta - tis, qui sal-van - dos sal-vas gra - tis, Sal - va me,
T.
sta - tis, qui sal-van - dos sal-vas gra - tis,
B.
sta - tis, qui sal-van - dos sal-vas gra - tis
Org.
tasto solo
18
16
Vn. 1
2
Va.
Vc.
Cb.

19
B. H. 1 2
Bn. 1 2
p
Tpt. 1 2
1 2
Trb.
Bass
Timp.
S.
p
sal - va me, fons pi - e - ta - - - - - tis.
A.
p
sal - va me, fons pi - e - ta - - - - - tis.
T.
p
Sal - va me,
sal - va me, fons pi - e - ta - - - - - tis.
B.
p
Sal - va me,
sal - va me, fons pi - e - ta - - - - - tis.
Org.
19
Vn. 1
2
Va.
Vc.
Cb.

Recordare

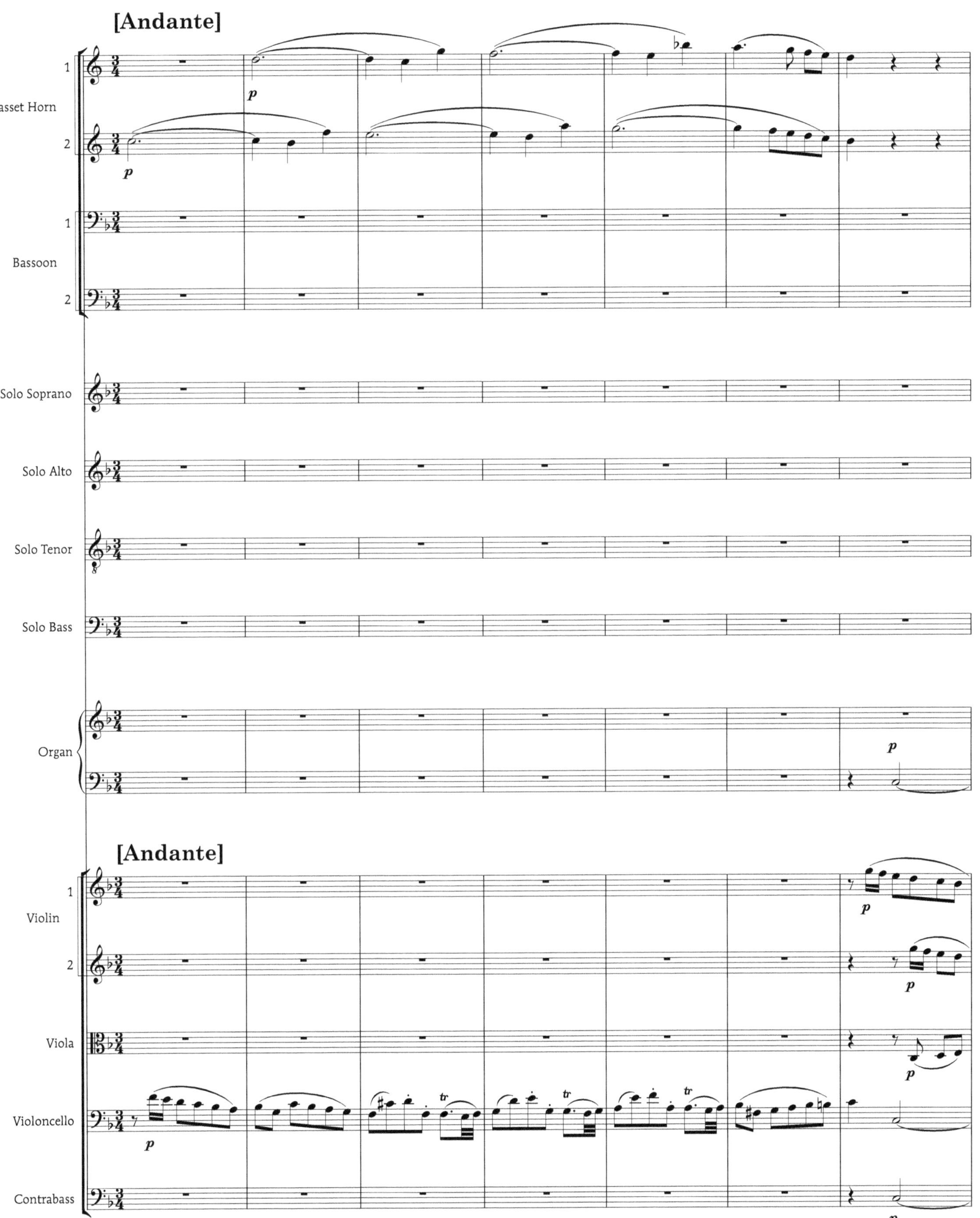
[Andante]
Basset Horn
1
2
p
p
Bassoon
1
2
Solo Soprano
Solo Alto
Solo Tenor
Solo Bass
Organ
p
[Andante]
Violin
1
2
p
p
Viola
p
Violoncello
p
tr
tr
tr
Contrabass
p

8
14
B. H.
1
2
Bn.
1
2
Sop.
Alto
Re - -
Ten.
Bass
Org.
8
14
Vn.
1
2
Va.
Vc.
Cb.

20
15
B. H.
1
2
Bn.
1
2
Sop.
Quod sum cau -
Alto
- cor - da - - - re Je - su pi - e,
Ten.
Quod sum
Bass
Re - - - cor - da - re Je - su pi - e,
Org.
20
15
Vn.
1
2
p
Va.
Vc.
tr
Cb.

27
23
B. H.
Bn.
Sop.
sa tu - æ vi - æ: ne me per - das il - la di - e,
Alto
ne me per - das,
Ten.
cau - sa tu - æ vi - æ: ne me per - das il - la di - e,
Bass
ne me per - das il - la di - e, ne me
Org.
Vn.
Va.
Vc.
Cb.
p
tr

31
B. H.
Bn.
Sop.
ne me per-das il - la di - e.
Alto
ne me per-das il-la di - e.
Ten.
ne me per-das il-la di - e.
Bass
per - das, per-das il-la di - e.
Org.
mf
31
Vn.
mf
tr
Va.
Vc.
Cb.

38
B. H.
Bn.
Sop.
Se - di - sti las - sus: cru - cem
Alto
Se - di - sti las - sus: cru - cem
Ten.
Quæ - rens me, red - e - mi - sti
Bass
Quæ - rens me, red - e - mi - sti
Org.
38
Vn.
Va.
Vc.
Cb.

46
45
B. H.
Bn.
Sop.
pas - sus: tan - tus la - bor non sit cas - sus, tan - tus la-bor
Alto
pas - sus: tan - tus la - bor non sit cas - sus, tan - tus la-bor
Ten.
tan - tus la - bor non sit cas - sus, tan - tus la-bor
Bass
tan - tus la - bor non sit cas - sus, tan - tus la-bor
Org.
Vn.
Va.
Vc.
Cb.

54
51
B. H.
Bn.
Sop.
non sit cas - sus.
Ju - ste Ju - dex ul - ti - o - nis,
Alto
non sit cas - sus.
Ten.
non sit cas - sus.
Ju - ste Ju - dex ul - ti - o - nis, do -
Bass
non sit cas - sus.
Org.
54
51
Vn.
Va.
Vc.
Cb.

58
B. H.
Bn.
Sop.
do - num fac re-mis-si-o - nis, an - te di - em ra - ti - o - nis, an - te
Alto
an - te di - em, an - te
Ten.
- num fac re-mis-si-o - nis, an - te di - em ra - ti - o - nis, an - te
Bass
an - te di - em ra - ti - o - nis, an - te di - em,
Org.
58
Vn.
Va.
Vc.
Cb.
p

72
66
B. H.
Bn.
Sop.
di - em ra - ti - o - nis.
In - ge -
Alto
di - em ra - ti - o - nis.
In - ge -
Ten.
di - em ra - ti - o - nis.
In - ge -
Bass
di - em ra - ti - o - nis.
In - ge -
Org.
Vn.
Va.
Vc.
Cb.

73
B. H.
1
2
Bn.
1
2
Sop.
mi - sco, tam-quam re - us: cul - pa ru - bet vul - tus me - us sup - pli -
Alto
mi - sco, tam-quam re - us: cul - pa ru - bet vul - tus me - us sup - pli -
Ten.
mi - sco, tam-quam re - us: cul - pa ru - bet vul - tus me - us sup - pli -
Bass
mi - sco, tam-quam re - us: cul - pa ru - bet vul - tus me - us sup - pli -
Org.
73
Vn.
1
2
Va.
Vc.
Cb.

84
81
B. H.
1
2
Bn.
1
2
Sop.
can - ti par - ce De - us. Qui Ma - ri - am ab - sol - vi - sti, mi-hi quo - que spem de-
Alto
can - ti par - ce De - us. mi-hi quo - que, mi - hi
Ten.
can - ti par - ce De - us. et la - tro - nem ex-au - di - sti, mi - hi
Bass
can - ti par - ce De - us.
Org.
84
81
Vn.
1
2
Va.
Vc.
Cb.

89
93
B. H.
Bn.
Sop.
di - sti, mi-hi quo - que spem de - di - sti.
Alto
quo - que spem de - di - sti, spem de - di - sti. Pre - - - - - ces me - -
Ten.
quo - que, mi-hi quo - que spem de - di - sti.
Bass
mi-hi quo - que spem de - di - sti. Pre - - - - - ces
Org.
Vn.
Va.
Vc.
Cb.

96
B. H.
1
2
Bn.
1
2
Sop.
Sed tu bo - - - - - - nus
Alto
- æ non sunt di - gnæ:
Ten.
Sed tu bo - -
Bass
me - æ non sunt di - gnæ:
Org.
96
Vn.
1
p
2
p
Va.
p
Vc.
tr
tr
Cb.

103
B. H.
1
2
Bn.
1
2
Sop.
fac be - ni - - - - gne, ne per - en - ni cre - mer i - gne.
Alto
ne per - en - ni cre - mer i - gne.
Ten.
- nus fac be - ni - - - - gne, ne per - en - ni cre - mer i - gne.
Bass
ne per - en - ni cre - mer i - gne.
Org.
103
Vn.
1
2
Va.
Vc.
Cb.

110
B. H.
1
2
Bn.
1
2
Sop.
In - ter o - ves lo - cum præ - sta, et ab hæ - dis me
Alto
In - ter o - ves lo - cum præ - sta, et ab hæ - dis me
Ten.
In - ter o - ves lo - cum præ - sta, et ab hæ - dis me
Bass
In - ter o - ves lo - cum præ - sta, et ab hæ - dis, ab hæ - dis me
Org.
110
Vn.
1
2
Va.
Vc.
Cb.

119
117
B. H.
Bn.
Sop.
se - que - stra, sta - tu-ens in par - - te dex - tra, sta - tu-ens in
Alto
se - que - stra, sta - tu-ens in par - - te dex - tra, sta - tu-ens in
Ten.
se - que - stra, sta - tu-ens in par - - te dex - tra, sta - tu-ens in
Bass
se - que - stra, sta - tu-ens in par - te dex - tra, sta -
Org.
119
117
Vn.
Va.
Vc.
Cb.

124
B. H.
1
2
Bn.
1
2
Sop.
par - - te dex - tra.
Alto
par - - te dex - tra.
Ten.
par - - te dex - tra.
Bass
tu - ens in par - te dex - tra.
Org.
124
Vn.
1
2
Va.
Vc.
Cb.
tr

Confutatis

Andante
Basset Horn 1 2
Bassoon 1 2
Trumpet (C) 1 2
Trombone 1 2
Bass
Timpani
Soprano
Alto
Tenor
Bass
Con - fu - ta - - tis ma - le-
Con - fu - ta - - tis ma - le - di - - ctis,
Organ
tasto solo
Andante
Violin 1
2
Viola
Violoncello
Contrabass

B. H.
Bn.
Tpt.
Trb.
Bass
Timp.
S.
A.
T.
di - ctis, flam - mis a - cri - bus ad -
B.
flam - mis a - cri - bus ad - di - ctis, ma - le -
Org.
Vn.
Va.
Vc.
Cb.

5

7

B. H. 1 2

Bn. 1 2

a2

Tpt. 1 2

Trb. 1 2

Bass

Timp.

sotto voce

S. Vo - - - - ca, vo - ca me,

sotto voce

A. Vo - - - - ca, vo - ca me,

T. di - ctis, flam - mis a - cri - bus ad - di - ctis,

B. di - ctis, flam - mis a - cri - bus ad - di - ctis,

Org.

5

7

Vn. 1 2

Va.

Vc.

Cb.

p

9
11
B. H. 1 2
Bn. 1 2
Tpt. 1 2
1 2
Trb.
Bass
Timp.
S.
vo - ca me cum be - ne - di - - - ctis.
A.
vo - ca me cum be - ne di - - - ctis.
T.
Con - fu - ta - tis
B.
Con - fu - ta - tis ma - le-
Org.
tasto solo
9
11
1
Vn.
2
Va.
Vc.
Cb.

12
B. H. 1 2
Bn. 1 2
Tpt. 1 2
1 2
Trb.
Bass
Timp.
S.
A.
T.
ma - le-di - - ctis, flam - - - - mis a - cri-bus ad-
B.
di - - ctis, flam - mis a - cri-bus ad-di - ctis, con - fu-
Org.
12
Vn. 1
2
Va.
Vc.
Cb.

14
B. H. 1 2
Bn. 1 2
Tpt. 1 2
1 2
Trb.
Bass
Timp.
S.
A.
T.
di - ctis, con - fu - ta - tis ma - le - di - ctis, flam - mis a - cri - bus ad -
B.
ta - tis ma - le - di - ctis, ma - le - di - ctis, flam - mis a - cri - bus ad -
Org.
14
1
Vn.
2
Va.
Vc.
Cb.

17
16
B. H. 1 2
Bn. 1 2
Tpt. 1 2
1 2
Trb.
Bass
Timp.
sotto voce
S.
Vo - - ca, vo - ca me cum be-ne - di - ctis, cum be - ne - di - ctis, vo -
sotto voce
A.
Vo - - ca, vo - ca me, vo - ca me cum be-ne - di - ctis,
T.
di - ctis,
B.
di - ctis,
Org.
17
16
Vn. 1 2
Va.
Vc.
Cb.

21
B. H. 1 2
Bn. 1 2
Tpt. 1 2
Trb. 1 2
Bass
Timp.
S.
- ca me, vo - ca me, vo - ca me cum be-ne - di - - - - - -
A.
vo - - ca me, vo - ca me cum be - ne - di - - - - - -
T.
B.
Org.
21
Vn. 1 2
Va.
Vc.
Cb.

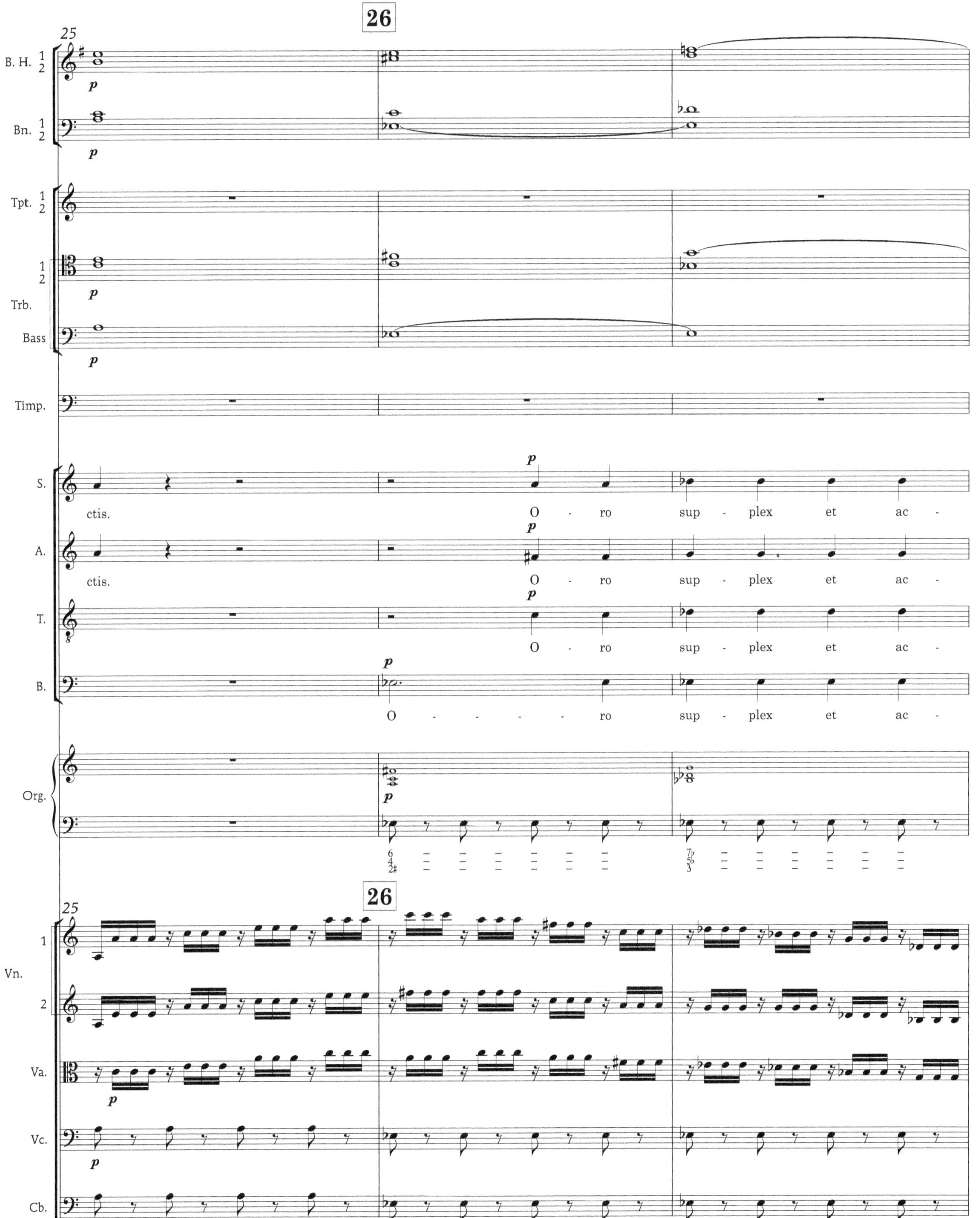

25
26
B. H. 1 2
Bn. 1 2
Tpt. 1 2
Trb. 1 2
Bass
Timp.
S.
ctis.
O - ro sup - plex et ac -
A.
ctis.
O - ro sup - plex et ac -
T.
O - ro sup - plex et ac -
B.
O - - - - - ro sup - plex et ac -
Org.
Vn. 1 2
Va.
Vc.
Cb.

28
30
B. H. 1 2
Bn. 1 2
Tpt. 1 2
Trb. 1 2
Bass
Timp.
S.
cli - - - - - - - nis,
cor con -
A.
cli - - - - - - - nis,
cor con -
T.
cli - - - - - - - nis,
cor con -
B.
cli - - - - - - - nis,
cor con -
Org.
28
30
Vn. 1 2
Va.
Vc.
Cb.

31
B. H. 1 2
Bn. 1 2
Tpt. 1 2
Trb. 1 2
Bass
Timp.
S.
tri - tum qua - si ci - - - - - - - nis:
A.
tri - tum qua - si ci - - - - - - - nis:
T.
tri - tum qua - si ci - - - - - - - nis:
B.
tri - tum qua - si ci - - - - - - - nis:
Org.
31
Vn. 1 2
Va.
Vc.
Cb.

34
B. H. 1 2
Bn. 1 2
Tpt. 1 2
Trb. 1 2
Bass
Timp.
S.
Ge - re cu - - ram, ge - re
A.
Ge - re cu - - ram, ge - re
T.
Ge - re cu - - ram, ge - re
B.
Ge - - - - - re cu - - - - - - ram, cu - - - - - - ram
Org.
34
Vn. 1 2
Va.
Vc.
Cb.

37
B. H. 1 2
Bn. 1 2
attacca
Tpt. 1 2
1 2
Trb.
Bass
Timp.
attacca
S.
cu - ram me - i fi - - - - - - - nis.
A.
cu - ram me - i fi - - - - - - - nis.
T.
cu - ram me - i fi - - - - - - - nis.
B.
me - - i fi - - - - - - - nis.
Org.
attacca
37
Vn. 1 2
Va.
Vc.
Cb.
attacca

Lacrimosa

[Larghetto]
Basset Horn 1 2
Bassoon 1 2
Trumpet (C) 1 2
1 2
Trombone
Bass
Timpani
Soprano
Alto
Tenor
Bass
Organ
tasto solo
[Larghetto]
Violin 1
Violin 2
Viola
Violoncello
Contrabass
La - cri-mo - sa di - es il - la,

5
B. H. 1 2
Bn. 1 2
Tpt. 1 2
Trb. 1 2
Bass
Timp.
S.
A.
T.
B.
Org.
Vn. 1 2
Va.
Vc.
Cb.
cresc.
qua re - sur - get ex fa - vil - la ju - di - can - dus ho - mo re - us,
qua re - sur - get ex fa - vil - la ju - di - can - dus ho - mo re - us,
qua re - sur - get ex fa - vil - la ju - di can - dus ho - mo re - us,
qua re - sur - get ex fa - vil - la ju - di can - dus ho - mo re - us,

9
B. H. 1 2
Bn. 1 2
Tpt. 1 2
Trb. 1 2
Bass
Timp.
soto voce
S.
la - cri-mo - sa di - es il - la, qua re-sur - get ex fa-vil - la
A.
T.
B.
la - cri - mo - sa di - es il - la, qua re - sur - get ex fa - vil - la
Org.
tasto solo
9
Vn. 1 2
Va.
Vc.
Cb.

13
15
B. H. 1 2
Bn. 1 2
Tpt. 1 2
f
1 2
Trb.
Bass
Timp.
f
S.
ju - di-can - dus ho - mo re - us: Hu - ic er - go par - ce De - us.
A.
ju - di-can - dus ho - mo re - us: Hu - ic er - go par - ce De - us.
T.
ju - di-can - dus ho - mo re - us: Hu - ic er - go par - ce De - us.
B.
ju - di - can - dus ho - mo re - us: Hu - ic er - go par - ce De - us.
p
Org.
Vn. 1
2
Va.
Vc.
Cb.

17
B. H. 1 2
Bn. 1 2
Tpt. 1 2
Trb.
Bass
Timp.
S.
Pi - e Je - su, Je - su Do - mi - ne,
A.
Pi - e Je - su, Je - su Do - mi - ne,
T.
Pi - e Je - su, Je - su Do - mi - ne,
B.
Pi - e Je - su, Je - su Do - mi - ne,
Org.
tasto solo
Vn.
Va.
Vc.
Cb.

22
21
B. H. 1 2
Bn. 1 2
Tpt. 1 2
Trb. 1 2
Bass
Timp.
S.
do - - na e - is re - - qui - em,
A.
do - - na e - is re - - qui - em,
T.
do - - na e - is re - - qui - em,
B.
do - - na e - is re - - qui - em,
Org.
tutti
Vn. 1 2
Va.
Vc.
Cb.

24
B. H. 1 2
Bn. 1 2
Tpt. 1 2
Trb. 1 2
Bass
Timp.
S.
do - na e - is, do - na e - is re - -
A.
do na e - is, do - na e - is
T.
do - na e - is, do - na e - is re - - -
B.
do - na e - is, do - na e - is re - - - - - - -
Org.
24
Vn. 1
2
Va.
Vc.
Cb.

27
B. H. 1 2
Bn. 1 2
Tpt. 1 2
1 2
Trb.
Bass
Timp.
S.
- - - - qui - em. A - - - - - - men.
A.
re - - - - qui - em. A - - - - - - - men.
T.
- - - - qui - em. A - - - - - - men.
B.
- - - - qui - em. A - - - - - - men.
Org.
27
Vn. 1
2
Va.
Vc.
Cb.

4. Offertorium - Domine Jesu

7
B. H. 1 2
Bn. 1 2
Trb. 1 2
Bass
S.
li - - be-ra a-ni-mas o - mni-um fi-de-li-um de - fun-cto - rum de pœ-nis in-
A.
li - be-ra a-ni-mas o-mni-um fi-de - li-um de-fun-cto - rum de
T.
li - - be-ra a-ni-mas o - mni-um fi-de-li-um de-fun-cto - rum de
B.
li - be-ra a-ni-mas o-mni-um fi-de - li-um de-fun-cto - - rum
Org.
Vn. 1 2
Va.
Vc.
Cb.

8
B. H. 1 2
Bn. 1 2
1 2
Trb.
Bass
S.
fer - - - - - - ni, de pœ - nis in - fer - - - - - - ni, et de pro - fun - - do
A.
pœ - nis in - fer - - ni, de pœ - nis in - fer - - ni, et de pro - fun - - do
T.
pœ - nis in - fer - - ni, de pœ - nis in - fer - - ni, et de pro - fun - do
B.
de pœ - nis in - fer - ni, de pœ - nis in - fer - ni, et de pro - fun - do
Org.
8
Vn. 1
2
Va.
Vc.
Cb.

13
15
B. H. 1 2
a2
f
Bn. 1 2
Trb. 1 2
Bass
S.
p
la - - - cu: li - be - ra, li - be - ra e - - - as de
A.
la - - - cu: li - be - ra e - - - as de
T.
la - - - cu: li - be - ra e - - - as de
B.
la - - - cu: li - be - ra e - - - as de
Org.
Vn. 1 2
Va.
Vc.
Cb.

B. H. 1 2
Bn. 1 2
Trb. 1 2
Bass
S.
o - re le - o - nis, li - be - ra, li - be - ra e - - - - as de
A.
o - re le - o - nis, li - be - ra e - - - - as de
T.
o - re le - o - nis, li - be - ra e - - - - as de
B.
o - re le - o - nis, li - be - ra e - - - - as de
Org.
Vn. 1 2
Va.
Vc.
Cb.

21
20
B. H. 1 2
Bn. 1 2
Trb. 1 2
Bass
S.
o - re le - o - nis,
A.
o - re - le - o - nis,
T.
o - re le - o - nis, ne ab - sor - be - at e - as tar - ta - rus, ne ca - dant in ob -
B.
o - re le - o - nis,
Org.
Vn. 1 2
Va.
Vc.
Cb.

B. H.
Bn.
Trb.
Bass
S.
ne ab - sor - be-at e - as
A.
ne ab - sor - be-at e - as tar - ta-rus, ne ca - dant in ob - scu - rum, ne ca - dant,
T.
scu - rum, ne ca - dant, ne ca - dant in ob - scu - rum, ne ca - dant, ne
B.
Org.
Vn.
Va.
Vc.
Cb.

27
26
B. H. 1 2
Bn. 1 2
Trb. 1 2
Bass
S.
tar - ta-rus, ne ca-dant in ob - scu-rum, ne ca-dant, ne ca-dant in ob-scu -
A.
ne ca dant in ob - scu - rum, ne ca-dant, ne ca-dant, ne ca - dant in ob -
T.
ca-dant, ne ca-dant in ob - scu-rum, ne ca-dant, ne ca-dant, ne ca-dant in ob -
B.
ne ab - sor - be-at e - as tar - ta-rus, ne ca-dant in ob -
Org.
Vn. 1 2
Va.
Vc.
Cb.

29
B. H. 1 2
Bn. 1 2
1 2
Trb.
Bass
S.
p
solo
rum, ne ca - dant,
ne ca - dant
in ob - scu - rum:
Sed
A.
scu - rum, ne ca - dant,
ne ca - dant
in - ob - scu - rum:
T.
scu - rum, ne ca - dant, ne ca - dant
in ob - scu - rum:
B.
scu - rum, ne ca - dant in ob - scu - rum:
Org.
29
Vn. 1 2
Va.
Vc.
Cb.

33
B. H. 1 2
Bn. 1 2
Trb. 1 2
Bass
S.
si - gni-fer san - ctus Mi - cha-el re - præ-sen-tet e - - - - as in lu - cem
solo
A.
Sed si - gni-fer san - ctus Mi - cha-el re - præ-sen-tet e -
solo
T.
Sed si - gni-fer san - ctus
B.
Org.
33
Vn. 1 2
Va.
Vc.
Cb.

38
B. H. 1 2
Bn. 1 2
Trb. 1 2
Bass
S.
san - ctam, re - præ - sen-tet, re - præ-sen-tet e - as
A.
- - as in lu - cem san - ctam, re - præ - sen - tet, re - præ - sen-tet
T.
Mi - cha - el re - præ-sen-tet e - - - - - - as, re - præ - sen - tet e - as
solo
B.
Sed si - gni-fer san - ctus Mi - cha - el re - præ - sen-tet e - as, re - præ-
Org.
Vn. 1 2
Va.
Vc.
Cb.

44
B. H. 1 2
Bn. 1 2
Trb. 1 2
Bass
S.
in lu-cem san - ctam:
A.
e - as in lu-cem san - ctam:
T.
in lu - cem san - ctam:
tutti
Quam o-lim
B.
sen-tet e - as in lu-cem san - ctam:
tutti
Quam o-lim A - bra-hæ pro - mi - si - sti,
Org.
Vn. 1 2
Va.
Vc.
Cb.

46
B. H. 1 2
Bn. 1 2
Trb. 1 2
Bass
S.
A.
T.
B.
Org.
Vn. 1 2
Va.
Vc.
Cb.
tutti
f
Quam o-lim
Quam o-lim A-bra-hæ pro - mi - si - sti,
A-bra-hæ pro - mi - si - sti, quam o-lim A-bra-hæ, et se-mi-ni e-jus, pro - mi -
et se-mi-ni e - jus, quam o-lim A-bra-hæ pro - mi - si - sti, pro - mi - si-sti,

50
B. H. 1 2
Bn. 1 2
a2
Trb. 1 2
Bass
S.
A-bra-hæ pro - mi - si - sti, quam o-lim A-bra-hæ pro - mi - si - sti,
A.
et se-mi-ni e - jus, quam o-lim A - bra-hæ pro - mi - si - sti, et se-mi-ni
T.
si - sti, pro - mi - si-sti, quam o-lim A - bra-hæ
B.
Org.
50
Vn. 1 2
Va.
Vc.
Cb.

56
54
B. H. 1 2
Bn. 1 2
Trb.
1 2
Bass
S.
pro - mi - si - sti,
et se-mi-ni
A.
e - jus, quam o-lim A - bra-hæ,
et se-mi-ni e - jus, pro - mi - si - sti,
T.
pro - mi - si - sti, quam o-lim A - bra-hæ pro - mi - si - sti, quam o-lim
B.
et se-mi-ni e - jus,
et se-mi-ni e - jus,
Org.
Vn.
Va.
Vc.
Cb.

61
58
B. H. 1 2
Bn. 1 2
Trb. 1 2
Bass
S.
e - jus, quam o-lim A-bra-hæ pro - mi - si- sti, pro mi - si - - sti,quam o-lim A - bra-hæ
A.
quam o-lim A - bra-hæ pro - mi - si- sti, pro mi - si - - sti, quam o-lim
T.
A - bra-hæ, quam o-lim A - bra-hæ pro - mi - si- sti, pro mi - si - - sti, quam o-lim
B.
quam o-lim A - bra-hæ pro - mi - si - sti, pro - mi - si - - sti, quam o-lim
Org.
58
61
Vn. 1 2
Va.
Vc.
Cb.

62
B. H. 1 2
Bn. 1 2
Trb. 1 2
Bass
S.
pro - mi - si - sti, quam o - lim A - bra - hæ pro - mi - si - sti, et se -
A.
A - bra - hæ pro - mi - si - sti, quam o - lim A - bra - hæ pro - mi - si - sti, et
T.
A - bra - hæ pro - mi - si - sti, quam o - lim A - bra - hæ pro - mi - si - sti, et
B.
A - bra - hæ pro - mi - si - sti, quam o - lim A - bra - hæ pro - mi - si - sti, et
Org.
62
Vn. 1 2
Va.
Vc.
Cb.

67
66
B. H.
Bn.
Trb.
Bass
S.
mi-ni e - jus, et se - - mi-ni e - - - - jus, et
A.
se - mi-ni e - jus, et se - - - - - mi-ni,
T.
se - mi-ni e - jus, et se - - - - - mi-ni,
B.
se - mi-ni e - jus, et se - - - - - mi-ni,
Org.
Vn.
Va.
Vc.
Cb.

70
71
B. H. 1 2
Bn. 1 2
a2
Trb. 1 2
Bass
S.
se - mi-ni e - jus, quam o-lim A - bra-hæ pro - mi - si - sti, quam o-lim
A.
se - mi-ni e - jus, quam o-lim A - bra-hæ pro - mi - si - sti, quam o-lim
T.
se - mi-ni e - jus, quam o-lim A - bra-hæ pro - mi - si - sti, quam o-lim
B.
se - mi-ni e - jus, quam o-lim A - bra-hæ pro - mi - si - sti, quam o-lim A-bra-hæ pro-mi -
Org.
Vn. 1 2
Va.
Vc.
Cb.

74
B. H. 1 2
a2
Bn. 1 2
Trb. 1 2
Bass
S.
A-bra-hæ pro-mi - si - - sti, et se - - - - mi-ni e - - - - jus.
A.
A-bra-hæ pro-mi - si - - sti, et se - mi-ni, se - mi-ni e - - - - jus.
T.
A-bra-hæ pro-mi - si - - sti, et se - mi-ni, se - mi-ni e - - - - jus.
B.
si-sti, pro-mi - si - - sti, et se - mi-ni, se - mi-ni e - - - - jus.
Org.
74
Vn. 1 2
Va.
Vc.
Cb.

Hostias

Andante
Basset Horn 1 2
Bassoon 1 2
Trombone 1 2
Bass
Soprano
Alto
Tenor
Bass
Organ
Andante
Violin 1
Violin 2
Viola
Violoncello
Contrabass
Ho - sti-as et pre - ces ti - bi Do - mi-ne, ti - bi

11
B. H. 1 2
Bn. 1 2
Trb. 1 2
Bass
S.
Do - mi-ne lau-dis of - fe - ri-mus: tu su - sci-pe pro a-ni - ma - bus
A.
Do - mi-ne lau-dis of - fe - ri-mus: tu su - sci-pe pro a-ni - ma - bus
T.
Do - mi-ne lau-dis of - fe - ri-mus: tu su - sci-pe pro a-ni - ma - bus
B.
Do - mi-ne lau-dis of - fe - ri-mus: tu su - sci-pe pro a-ni - ma - bus
Org.
11
Vn. 1 2
Va.
Vc.
Cb.

15
16
B. H. 1 2
Bn. 1 2
Trb. 1 2
Bass
S.
il - lis, quarum ho - di - e me - mo - ri - am fa - - - - ci - mus,
A.
il - lis, qua - rum ho - di - e, ho - di - e me - mo - ri - am fa - ci - mus,
T.
il - lis, qua - rum ho - di - e, ho - di - e me - mo - ri - am fa - ci - mus,
B.
il - lis, qua - rum ho - di - e, ho - di - e me - mo - - ri - am fa - ci - mus,
Org.
Vn. 1 2
Va.
Vc.
Cb.

23
29
22
B. H. 1 2
Bn. 1 2
Trb. 1 2
Bass
S.
A.
T.
B.
Org.
Vn. 1 2
Va.
Vc.
Cb.
ho - sti - as et pre - - ces ti - - bi Do - mi-
ho - sti - as et pre - - ces ti - - bi Do - min
ho - sti - as et pre - - ces ti - - bi Do - mi-
ho - sti - as et pre - - ces ti - - bi Do - mi-
cresc.

30
35
B. H. 1 2
Bn. 1 2
Trb. 1 2
Bass
S.
A.
T.
B.
Org.
Vn. 1 2
Va.
Vc.
Cb.
ne lau - dis of - fe - ri - mus: tu su - sci - pe pro a - ni -
cresc.

37
B. H. 1 2
Bn. 1 2
Trb. 1 2
Bass
S.
ma - bus il - lis, qua-rum ho - di - e, ho - di - e me - mo - ri - am fa - ci-
A.
ma - bus il - lis, qua-rum ho - di - e me - mo - ri - am fa - ci-
T.
ma - bus il - lis, qua-rum ho - di - e me - mo - ri - am fa - ci-
B.
ma - bus il - lis, qua-rum ho - di - e, ho - di - e me - mo - ri - am fa - ci-
Org.
Vn. 1 2
Va.
Vc.
Cb.

44
46
B. H. 1 2
Bn. 1 2
1 2
Trb.
Bass
S.
A.
T.
B.
Org.
Vn.
Va.
Vc.
Cb.
p
mus: fac e - as, Do - mi - ne, de mor - - - te trans -
mus: fac e - as, Do - mi - ne, de mor - te trans - i - -
mus: fac e - as, Do - mi - ne, de mor - - - te trans -
mus: fac e - as, Do - mi - ne, de mor - - te trans -

51
Andante con moto
B. H. 1 2
Bn. 1 2
Trb. 1 2
Bass
S.
i - re ad vi - - tam.
A.
- re ad vi - - tam.
T.
i - re ad vi - - tam.
Quam o-lim
B.
i - re ad vi - - tam.
Quam o-lim A - bra-hæ pro - mi - si - sti,
Org.
51
Andante con moto
Vn. 1 2
Va.
Vc.
Cb.

57
B. H. 1 2
Bn. 1 2
Trb. 1 2
Bass
S.
A.
T.
B.
Org.
Vn. 1 2
Va.
Vc.
Cb.
Quam o-lim
Quam o-lim A-bra-hæ pro - mi - si - sti,
A-bra-hæ pro - mi - si - sti, quam o-lim A-bra-hæ, et se-mi-ni e-jus, pro - mi -
et se-mi-ni e - jus, quam o-lim A-bra-hæ pro - mi - si - sti, pro - mi - si-sti,

61
B. H. 1 2
Bn. 1 2
a2
Trb. 1 2
Bass
S.
A-bra-hæ pro - mi - si - sti, quam o-lim A-bra-hæ pro - mi - si - sti,
A.
et se-mi-ni e - jus, quam o-lim A-bra-hæ pro - mi - si - sti, et se-mi-ni
T.
si - sti, pro - mi - si-sti, quam o-lim A - bra-hæ
B.
Org.
61
Vn. 1 2
Va.
Vc.
Cb.

67
65
B. H. 1 2
Bn. 1 2
Trb. 1 2
Bass
S.
pro - mi - si - sti, et se-mi-ni
A.
e - jus, quam o-lim A - bra-hæ, et se-mi-ni e - jus, pro - mi - si - sti,
T.
pro - mi - si - sti, quam o-lim A - bra-hæ pro - mi - si - sti, quam o-lim
B.
et se-mi-ni e - jus, et se-mi-ni e - jus,
Org.
65
67
Vn. 1 2
Va.
Vc.
Cb.

72
69
B. H. 1 2
Bn. 1 2
Trb. 1 2
Bass
S.
e - jus, quam o-lim A - bra-hæ pro - mi - si- sti, pro mi - si - - sti,quam o-lim A - bra-hæ
A.
quam o-lim A - bra-hæ pro - mi - si- sti, pro mi - si - - sti, quam o-lim
T.
A - bra-hæ, quam o-lim A - bra-hæ pro - mi - si- sti, pro mi - si - - sti, quam o-lim
B.
quam o-lim A - bra-hæ pro - mi - si - sti, pro - mi - si - - sti, quam o-lim
Org.
72
69
Vn. 1 2
Va.
Vc.
Cb.

73
B. H. 1 2
Bn. 1 2
Trb. 1 2
Bass
S.
pro - mi - si - sti, quam o - lim A - bra - hæ pro - mi - si - sti, et se -
A.
A - bra - hæ pro - mi - si - sti, quam o - lim A - bra - hæ pro - mi - si - sti, et
T.
A - bra - hæ pro - mi - si - sti, quam o - lim A - bra - hæ pro - mi - si - sti, et
B.
A - bra - hæ pro - mi - si - sti, quam o - lim A - bra - hæ pro - mi - si - sti, et
Org.
Vn. 1 2
Va.
Vc.
Cb.

78
77
B. H. 1 2
Bn. 1 2
Trb. 1 2
Bass
S.
-mi-ni e - jus, et se - - - mi-ni e - - - - - - - jus, et
A.
se - mi-ni e - jus, et se - - - - - - - - - - mi-ni,
T.
se - mi-ni e - jus, et se - - - - - - - - mi-ni,
B.
se - mi-ni e - jus, et se - - - - - - - - - - mi-ni,
Org.
78
77
Vn. 1 2
Va.
Vc.
Cb.

82
81
B. H. 1 2
Bn. 1 2
a2
Trb. 1 2
Bass
S.
se - mi-ni e - jus, quam o-lim A - bra-hæ pro - mi - si - sti, quam o-lim
A.
se - mi-ni e - jus, quam o-lim A - bra-hæ pro - mi - si - sti, quam o-lim
T.
se - mi-ni e - jus, quam o-lim A - bra-hæ pro - mi - si - sti, quam o-lim
B.
se - mi-ni e - jus,quam o-lim A - bra-hæ pro - mi - si - sti, quam o-lim A-bra-hæ pro-mi -
Org.
Vn. 1 2
Va.
Vc.
Cb.

85
B. H. 1 2
a2
Bn. 1 2
1 2
Trb.
Bass
S.
A-bra-hæ pro-mi - si - - sti, et se - - - - mi-ni e - - - - jus.
A.
A-bra-hæ pro-mi - si - - sti, et se - mi-ni, se - mi-ni e - - - - jus.
T.
A-bra-hæ pro-mi - si - - sti, et se - mi-ni, se - mi-ni e - - - - jus.
B.
si-sti, pro-mi - si - - sti, et se - mi-ni, se - mi-ni e - - - - jus.
Org.
85
Vn. 1
2
Va.
Vc.
Cb.

5. Sanctus

Adagio
Basset Horn 1 2
Bassoon 1 2
Trumpet (C) 1 2
Trombone 1 2
Trombone Bass
Timpani
Soprano
Sanctus, sanctus, sanctus,
Alto
Sanctus, san - sanctus,
Tenor
Sanctus, sanctus, sanctus,
Bass
Sanctus, sanctus, sanctus,
Organ
Adagio
Violin 1
Violin 2
Viola
Violoncello
Contrabass

4
6
B. H. 1 2
Bn. 1 2
Tpt. 1 2
ten.
fz
Trb. 1 2
Bass
Timp.
fz
S.
Do - mi - nus De - us Sa - - ba - oth. Ple - - ni sunt
A.
Do - mi - nus De - us Sa - - ba - oth. Ple - - ni sunt
T.
Do - mi - nus De - us Sa - - ba - oth. Ple - - ni sunt
B.
Do - mi - nus De - us Sa - - ba - oth. Ple - ni sunt cœ - - -
Org.
tasto solo
Vn. 1 2
Va.
Vc.
Cb.

7
B. H. 1 2
Bn. 1 2
ten.
Tpt. 1 2
1 2
Trb.
Bass
Timp.
S.
cœ - li et ter - - - - - ra glo - ri - a, glo - ri - a, glo - ri - a
A.
cœ - li et ter - - - - - ra glo - ri - a, glo - ri - a, glo - ri - a
T.
cœ - li et te - - - - - ra glo - ri - a, glo - ri - a, glo - -
B.
- li et ter - - - - - ra, glo - ri - a, glo - ri - a, glo - -
Org.
7
Vn. 1 2
Va.
Vc.
Cb.

Allegro
10
B. H. 1 2
Bn. 1 2
f
Tpt. 1 2
1 2
Trb.
Bass
Timp.
S.
tu - - - - - - a.
A.
tu - - - - - - a.
T.
f
- ri - a tu - - - a. O - san-na in ex -
B.
- ri - a tu - - - a. O - san-na in ex- cel - - - - - - sis, o - san - na
Org.
tasto solo
Allegro
10
Vn. 1
2
Va.
f
Vc.
Cb.

18
B. H.
Bn.
Tpt.
Trb.
Bass
Timp.
S.
O - san - na
A.
O - san - na in ex - cel - - - - - - - - -
T.
cel - - - - - sis, o - - - san - - - - - - - - na
B.
in ex - cel - - - - - - - - - - - - - - - -
Org.
Vn.
Va.
Vc.
Cb.

25
B. H. 1 2
Bn. 1 2
Tpt. 1 2
Trb. 1 2
Bass
Timp.
f
S.
in ex - cel - - - - - - sis, o - - - - - san - - - - - -
A.
sis, o - san - - - na in ex - cel - - - - - - - sis,
T.
in ex - cel - - - - - - - - - - - sis, o -
B.
sis, o - san - na in ex - cel - - - - -
Org.
Vn. 1 2
Va.
Vc.
Cb.

32
B. H. 1 2
Bn. 1 2
Tpt. 1 2
Trb. 1 2
Bass
Timp.
S.
na in ex - cel - sis, o - - - san - na in ex - cel - - - sis.
A.
o - - - san - na in ex - cel - - - sis.
T.
san - na in ex - cel - - - - - - sis, in ex - cel - - - sis.
B.
- - - sis, o - san - - - na in ex - cel - - - sis.
Org.
Vn. 1 2
Va.
Vc.
Cb.

6. Benedictus

5
B. H. 1 2
1.
p
Bn. 1 2
a2
Tpt. 1 2
Trb.
Bass
Sop.
Be - ne - di - ctus qui ve - nit in no - mi - ne Do - mi - ni, in
Alto
ve - nit in no - mi - ne Do - - mi - ni,
tr
Ten.
Bass
Org.
5
Vn.
1
2
tr
Va.
Vc.
Cb.
p

10
B. H. 1 2
Bn. 1 2
a2
Tpt. 1 2
Trb. 1 2
Bass
Sop.
no-mi-ne Do - mi-ni, be-ne-di-ctus qui ve-nit, be-ne-
Alto
be-ne-di-ctus qui ve-nit in no-mi-ne Do-mi - ni, be-ne-di - ctus qui
Ten.
Be-ne - di-ctus qui ve-nit,
Bass
Be-ne-di - ctus qui ve - nit in no-mi-ne Do - mi -
Org.
10
Vn. 1 2
Va.
Vc.
Cb.

13
B. H. 1 2
Bn. 1 2
Tpt. 1 2
1 2
Trb.
Bass
Sop.
di - ctus, qui ve - nit in no - - - mi - ne Do - mi - ni, be-ne-di-ctus qui ve - nit, qui
Alto
ve - - - nit in no - - - mi - ne Do - mi - ni, be-ne-di-ctus qui ve - nit, qui
Ten.
be-ne-di - ctus qui ve - nit in no - mi - ne Do - mi - ni, be-ne - di - ctus qui ve - nit, qui
Bass
ni, be - ne - di - ctus qui ve - nit in no - mi - ne Do - mi - ni, be-ne - di - ctus qui ve - nit, qui
Org.
13
Vn. 1 2
Va.
Vc.
Cb.

17
B. H. 1 2
Bn. 1 2
Tpt. 1 2
Trb. 1 2
Bass
Sop.
ve - nit in no - mi-ne Do - mi - ni,
Alto
ve - nit in no - mi-ne Do - mi - ni,
Ten.
ve - nit in no - mi-ne Do - mi - ni,
Bass
ve - nit in no - mi-ne Do - mi - ni,
Org.
17
Vn. 1 2
Va.
Vc.
Cb.
ff
fz decresc.
p

23
22
B. H. 1 2
Bn. 1 2
Tpt. 1 2
Trb.
Bass
Sop.
be - ne - di - ctus qui ve - nit in
Alto
be - ne - di - ctus qui ve - nit in
Ten.
be - ne - di - ctus qui ve - nit in
Bass
be - ne - di - ctus qui ve - nit in no - mi - ne
Org.
Vn.
Va.
Vc.
Cb.

28
B. H. 1 2
Bn. 1 2
rf p rf
Tpt. 1 2
Trb. 1 2
Bass
Sop.
no - mi - ne Do - mi - ni,
Alto
no - mi - ne Do - mi - ni,
Ten.
no - mi - ne Do - mi - ni,
Bass
Do - mi - ni, be - ne - di - ctus qui ve - nit in no - mi - ne
Org.
p
Vn. 1 2
Va.
Vc.
Cb.

30
33
B. H. 1 2
p
Bn. 1 2
Tpt. 1 2
1 2
Trb.
Bass
Sop.
be-ne-di-ctus qui
Alto
be-ne-di - ctus
Ten.
be - ne-di-ctus qui ve-nit in no - mi - ne Do - mi-ni,
Bass
Do - mi-ni,
Org.
30
33
Vn. 1 2
Va.
Vc.
Cb.

34
B. H. 1 2
Bn. 1 2
Tpt. 1 2
Trb. 1 2
Bass
Sop.
Alto
Ten.
Bass
Org.
Vn. 1 2
Va.
Vc.
Cb.
1.
p
cresc.
tr
ve-nit in no - mi-ne Do - mi-ni, qui ve - nit in no - mi-ne Do - mi-
qui ve - nit in no - mi-ne Do-mi-ni, qui ve - nit in no - mi-ne Do - mi-
be-ne-di-ctus qui ve - nit in no - mi-ne Do-mi-ni, qui ve - nit in no - mi-ne Do - mi-
be-ne-di - ctus qui ve - nit, qui ve - nit in no - - - - mi-ne Do - mi-

38
B. H. 1 2
p assai
Bn. 1 2
p assai
a2
Tpt. 1 2
1 2
p assai
Trb.
Bass
Sop.
ni, be-ne-di - ctus qui ve - nit, be-ne-di - ctus qui ve - nit in
Alto
ni, be-ne-di - ctus qui ve - nit in no-mi-ne Do - mi - ni, qui ve - nit in
Ten.
ni, be-ne-di - ctus qui ve - nit in no-mi-ne Do - mi - ni, be-ne - di - ctus qui
Bass
ni, be-ne - di-ctus qui ve-nit in no - mi-ne Do-mi-ni, be-ne-di - ctus qui
Org.
fp p
38
Vn. 1 2
fp
Va.
fp p
Vc.
fp p
Cb.
fp p

42
44
B. H. 1 2
Bn. 1 2
a2
Tpt. 1 2
Trb. 1 2
Bass
Sop.
no - - mi - ne Do - mi - ni, be-ne-di-ctus qui ve - nit in no - mi-ne, in no - mi - ne
Alto
no - - mi - ne Do - mi - ni, be-ne - di - ctus qui ve - nit in no - mi-ne, in no - mi - ne
Ten.
ve - nit in no - mi - ne Do - mi - ni, be-ne - di - ctus qui ve - nit in no - mi-ne, in no - mi - ne
Bass
ve - nit in no - mi - ne Do - mi - ni, be-ne-di-ctus qui ve - nit in no - mi - ne
Org.
42
44
Vn. 1 2
Va.
Vc.
Cb.

46
B. H. 1 2
Bn. 1 2
Tpt. 1 2
Trb. 1 2
Bass
Sop.
Do - mi-ni, be-ne-di-ctus qui ve-nit, qui ve - nit, qui ve - nit in no - mi-ne Do - mi-
Alto
Do - mi-ni, be-ne-di-ctus qui ve-nit, qui ve - nit, qui ve - nit in no-mi-ne Do - mi-
Ten.
Do - mi-ni, be-ne-di-ctus qui ve-nit, qui ve-nit in no-mi-ne Do - mi-ni, in no-mi-ne Do - mi-
Bass
Do - mi-ni, be-ne-di-ctus qui ve-nit, qui ve-nit in no-mi-ne Do - mi-ni, in no-mi-ne Do - mi-
dolce
Org.
46
Vn. 1 2
Va.
Vc.
Cb.

50
B. H. 1 2
ff
Bn. 1 2
ff
a2
Tpt. 1 2
ff
1 2
Trb.
ff
Bass
ff
Sop.
ni.
Alto
ni.
Ten.
ni.
Bass
ni.
Org.
ff
sf
50
Vn. 1
ff
sf
2
ff
sf
Va.
ff
sf
Vc.
ff
sf
Cb.
ff
sf

Allegro
54
B. H. 1 2
ff
Bn. 1 2
1.
Tpt. 1 2
ff
Trb.
1 2
Bass
S.
tutti
ff
O -
A.
tutti
ff
O - san-na in ex-cel - - - - -
T.
tutti
ff
O - san-na in ex-cel - - - - - - sis, o - san - na in ex - cel - -
B.
Org.
tasto solo
Allegro
54
Vn.
1
2
ff
ff
Va.
Vc.
Cb.

69
63
B. H. 1 2
Bn. 1 2
ff
Tpt. 1 2
ff
Trb. 1 2
Bass
ff
S.
san - na in ex - cel - - - - - - - - sis, o - san - - - na in ex -
A.
sis, o - san - na in ex - cel - - - - - - - - sis, o - san - -
T.
- - - - sis, in ex - cel - - - - - - - - - - - - - - sis,
tutti
ff
B.
O - san - na in ex - cel - -
Org.
3 7 6 9 8 6 6 6 6 7 6 3 6 4♮ 6 6 4 3 6 5 6 5 6
69
63
Vn. 1
2
Va.
Vc.
Cb.
ff

70
B. H. 1 2
Bn. 1 2
Tpt. 1 2
ff
Trb. 1 2
Bass
S.
cel - - - - - sis, o - - san - na in ex - cel - - sis.
A.
na - in ex - cel - sis, o - - san - na in ex - cel - - sis.
T.
o - san - na in ex - cel - sis, in ex - cel - - sis.
B.
- - - - - - sis, o - san - na in ex - cel - - sis.
Org.
70
Vn. 1 2
Va.
Vc.
Cb.

7. Agnus Dei

[Larghetto]
Basset Horn 1 2
Bassoon 1 2
Trumpet (C) 1 2
Trombone 1 2
Bass
Timpani
Soprano
Alto
Tenor
Bass
A - gnus De - - - - - i, qui
Organ
[Larghetto]
Violin 1
2
div.
Viola
Violoncello
Contrabass

5
B. H. 1 2
Bn. 1 2
Tpt. 1 2
1 2
Trb.
Bass
Timp.
S.
tol - - - - - lis pec - ca - - - - ta mun - - - - -
A.
tol - - - - - lis pec - ca - - - - ta mun - - - - -
T.
tol - - - - - lis pec - ca - - - - ta mun - - - - -
B.
tol - - - - - lis pec - ca - - - - ta mun - - - - -
Org.
Vn.
1
2
unis.
Va.
Vc.
Cb.

9
10
B. H. 1 2
Bn. 1 2
Tpt. 1 2
Trb. 1 2
Bass
Timp.
S.
A.
T.
B.
Org.
Vn. 1 2
Va.
Vc.
Cb.
p
p assai
di: dona e - is re - qui - em.
di: do - na, do - na e - is re - qui - em.
3#

17
B. H. 1 2
Bn. 1 2
Tpt. 1 2
Trb. 1 2
Bass
Timp.
S.
A.
T.
B.
Org.
Vn. 1 2
Va.
Vc.
Cb.
A - gnus De - - - - - - i, qui tol - - - - -
A - gnus De - - - - - - i, qui tol - - - - -
A - gnus De - - - - - - i, qui tol - - - - -
A - gnus De - - - - - - i, qui tol - - - - -
17

21
25
B. H. 1 2
Bn. 1 2
Tpt. 1 2
Trb.
Bass
Timp.
S.
A.
T.
B.
Org.
Vn. 1 2
Va.
Vc.
Cb.
lis pec - ca - - ta mun - - - - - - di:
do - na, do - na
do - na
p assai
mf p
ff
f

27
34
B. H. 1 2
Bn. 1 2
Tpt. 1 2
Trb. 1 2
Bass
Timp.
S.
e - is re - - - - - - - qui - em.
A - gnus
A.
e - is, do - na e - is re - qui - em.
A - gnus
T.
e - is, do - na e - is re - qui - em.
A - gnus
p assai
B.
do - na, do - na e - is re - qui - em.
A - gnus
Org.
Vn. 1 2
Va.
Vc.
Cb.

35
B. H. 1 2
sf
Bn. 1 2
sf
Tpt. 1 2
Trb. 1 2
Bass
Timp.
S.
De - - - - - i, qui tol - - - - - lis pec -
A.
De - - - - - i, qui tol - - - - - lis pec -
T.
De - - - - - i, qui tol - - - - - lis pec -
B.
De - - - - - i, qui tol - - - - - lis pec -
Org.
35
Vn. 1 2
f
div.
Va.
f
Vc.
Cb.

39
42
B. H. 1 2
Bn. 1 2
Tpt. 1 2
1 2
Trb.
Bass
Timp.
p assai
S.
ca - - - ta mun - - - - - di: do - na e - - is
A.
ca - - - ta mun - - - - - di: do - na e - - is
T.
ca - - - ta mun - - - - - di: do - na e - - is
B.
ca - - - ta mun - - - - - di: do - na, do - na e - - is
Org.
unis.
Vn.
Va.
Vc.
Cb.

44
B. H. 1 2
Bn. 1 2
Tpt. 1 2
Trb. 1 2
Bass
Timp.
S.
A.
T.
B.
Org.
Vn. 1 2
Va.
Vc.
Cb.
p cresc.
f
attacca
cresc.
re - qui - em sem - pi - ter - - - - - - - - nam.
re - qui - em sem - pi - ter - - - - - - - - nam.
re - qui - em sem - pi - ter - - - - - - - - nam.
re - qui - em sem - pi - ter - - - - - - - - nam.

8. Communio - Lux æterna

8
a2
a2
B. H.
Bn.
Tpt.
Trb.
Bass
Timp.
Sop.
ne: cum san-ctis tu-is in æ-ter-num, qui-a pi - us es.
S.
A.
Lux æ-ter-na,
T.
Lux æ-ter-na, æ-
B.
Lux æ-ter-na, æ-
Org.
Vn.
Va.
Vc.
Cb.

9
B. H. 1 2
Bn. 1 2
Tpt. 1 2
Trb. 1 2
Bass
Timp.
f
S.
Lux æ - ter - na lu - - - ce - at e - is, Do - mi - ne:
A.
æ - ter - na, æ - ter - na lu - ce - at e - is, Do - mi - ne: cum san - ctis,
T.
ter - na, æ - ter - - na lu - ce - at e - is, Do - - mi - ne: cum san - ctis, cum
B.
ter - na, æ - ter - - na lu - ce - at e - is, Do - - mi - ne: cum san - ctis, cum
Org.
6 6 3♯ 6 6 6 3♭ 6 4 3 6 6
9
Vn. 1 2
Va.
Vc.
Cb.

12
B. H. 1 2
Bn. 1 2
Tpt. 1 2
Trb. 1 2
Bass
Timp.
S.
cum san - ctis tu - is in æ - ter - num, qui - a pi - - - us es.
A.
cum san - ctis tu - is in æ - ter - num, qui - a pi - us es.
T.
san - ctis tu - - is in æ - ter - num, qui - a pi - - us es.
B.
san - ctis tu - - is in æ - ter - num, qui - a pi - - us es.
Org.
tasto solo
12
Vn. 1 2
Va.
Vc.
Cb.

15
16
B. H. 1 2
Bn. 1 2
Tpt. 1 2
Trb.
Bass
Timp.
S.
A.
Do - na, do - na e - - is
T.
Re -
B.
Re - qui - em æ - ter - - - - - - -
Org.
6 4 ♯ 6♯ 6
Vn. 1 2
Va.
Vc.
Cb.

18
B. H. 1 2
Bn. 1 2
Tpt. 1 2
1 2
Trb.
Bass
Timp.
f
S.
Do - na, do - na e - - - - - - is, Do - mi - ne, do - - na,
A.
Do - mi - ne, do - na, do - na e - - - is, re - - qui - em æ - ter - - -
T.
- qui - em æ - ter - - - nam do - na, do - na
B.
nam do - na, do - - na e - is, e - is
Org.
18
Vn.
1
2
Va.
Vc.
Cb.

21
B. H. 1 2
Bn. 1 2
Tpt. 1 2
Trb. 1 2
Bass
Timp.
S.
do - na e - is re - qui-em æ - ter - - - - - - nam, æ - ter - -
A.
- - nam do - na e - is, Do - mi-ne, do - na e - is, do - na
T.
e - - is, do - - na e - is, do - - - na, do - - -
B.
Do - mi-ne, do - na, do - na e - - is, do - na
Org.
6 6 4 3 6 6 6 3♯ 6 6♯
21
Vn. 1 2
Va.
Vc.
Cb.

24
25
B. H. 1 2
Bn. 1 2
Tpt. 1 2
Trb. 1 2
Bass
Timp.
S.
nam, æ - ter - - - - nam, et lux per - pe - tu - a, et lux per - pe - tu - a
A.
e - is, do - - - na, et lux per - pe - tu - a, et lux per -
T.
na, do - - - na, et lux per - pe - tu - a, et lux per -
B.
e - - is, do - - - na, et lux per - pe - tu - a, et lux per -
Org.
Vn. 1 2
Va.
Vc.
Cb.

27
B. H. 1 2
Bn. 1 2
Tpt. 1 2
Trb. 1 2
Bass
Timp.
S.
lu - - ce-at e-is, et lux per-pe-tu-a lu-ce-at e - - is.
A.
pe-tu-a lu - ce-at e-is, et lux per-pe-tu-a lu-ce-at e - - is.
T.
pe-tu-a lu - ce-at e-is, et lux per-pe-tu-a lu-ce-at e - - is.
B.
pe-tu-a lu - ce-at e-is, et lux per-pe-tu-a lu-ce-at e - - is.
Org.
27
Vn. 1 2
Va.
Vc.
Cb.

Allegro
31
B. H. 1 2
f
Bn. 1 2
a2
f
Tpt. 1 2
1.
f
Trb. 1 2
Bass
f
Timp.
S.
f
Cum
A.
f
Cum san-ctis tu - is in æ - ter
T.
B.
f
Cum san - ctis tu - is in æ - ter
Org.
f
tasto solo
2 5♯ 7 3♯
Allegro
31
Vn. 1
f
2
f
Va.
Vc.
f
Cb.
f

38
35
B. H. 1 2
Bn. 1 2
Tpt. 1 2
Trb. 1 2
Bass
Timp.
S.
san - ctis tu - is in æ - ter - num, cum
A.
num, cum san - ctis
T.
Cum san-ctis tu - is in æ - ter - num, in æ - ter -
B.
- num, cum san - ctis, tu - is,
Org.
35
38
Vn. 1 2
Va.
Vc.
Cb.

39
B. H.
Bn.
Tpt.
Trb.
Bass
Timp.
S.
san - ctis tu-is in æ - ter - - - - num, cum san-ctis
A.
tu - - is in æ - ter - - - - - - - - num, in æ - ter - num,
T.
- - num, cum san - ctis tu -
B.
cum san-ctis tu - is in æ - ter - - - - - - - - - - num, in æ -
Org.
39
Vn.
Va.
Vc.
Cb.

43
B. H. 1 2
Bn. 1 2
Tpt. 1 2
Trb.
Bass
Timp.
S.
tu-is in æ-ter - - - num, cum
A.
cum san - - ctis, cum san-ctis, cum san-ctis tu -
T.
is in æ-ter - - -
B.
ter - - - num, cum san - ctis, cum san -
Org.
43
Vn. 1 2
Va.
Vc.
Cb.

50
B. H. 1 2
Bn. 1 2
a2
Tpt. 1 2
Trb. 1 2
Bass
Timp.
S.
san - ctis tu - is in æ - ter - num,
A.
is, cum san - ctis, cum san - ctis, cum san - ctis, cum san - ctis,
T.
- num, in æ - ter - num, cum san - ctis
B.
ctis, cum san-ctis tu - is in æ - ter -
Org.
47
Vn.
Va.
Vc.
Cb.

51
B. H. 1 2
Bn. 1 2
Tpt. 1 2
Trb. 1 2
Bass
Timp.
S.
cum san-ctis tu-is in æ - ter - num,
A.
cum san-ctis tu-is in æ - ter - num, cum san - ctis
T.
tu - is in æ - ter
B.
- num, cum san - ctis tu -
Org.
51
Vn. 1 2
Va.
Vc.
Cb.

55
B. H. 1 2
Bn. 1 2
Tpt. 1 2
Trb. 1 2
Bass
Timp.
S.
f
cum san - ctis tu -
A.
tu-is in æter - - - - - - - - - - - - - - - num, cum san - ctis, cum san -
T.
- num, in æ ter - - - - - - - - - - - - - num, cum san-ctis
B.
is in æ - ter - - - - - - - - - - - - - - - - - - num,
Org.
55
Vn. 1 2
f
Va.
Vc.
Cb.

61
59
B. H. 1 2
Bn. 1 2
Tpt. 1 2
Trb. 1 2
Bass
Timp.
S.
is in æ - ter - - - - - - - - - num, cum san - - ctis tu-is in æ -
A.
- - - - - - - - - - - ctis, cum
T.
tu - is in æ - ter - - num, cum san-ctis tu - is in æ - ter - - - - - - num,
B.
cum san - ctis tu - is in æ - ter - - - - - num,
Org.
Vn. 1 2
Va.
Vc.
Cb.

66

63

B. H. 1 2

Bn. 1 2

Tpt. 1 2

Trb. 1 2

Bass

Timp.

S. ter - num, cum san - ctis tu - is, cum san-ctis

A. san-ctis tu - - is, cum san-ctis tu-is in æ-ter - -

T. in æ-ter-num, cum san-ctis tu-is in æ-ter - - num, in æ-ter - -

B. cum san-ctis tu-is in æ-ter - - num, in æ-ter - - num,

Org.

3♭ 3♭ – 3♮ – – – 3 – – – 6 6♭ 4 3 6 6 6 4 3♭ – 3♮ – 6 – 3♮ – 6 3♮ – 6 – 3♯ –

63

66

Vn. 1 2

Va.

Vc.

Cb.

70
67
B. H. 1 2
Bn. 1 2
Tpt. 1 2
a2
f
Trb. 1 2
Bass
Timp.
f
S.
tu - is in æ - ter - - num, in æ - ter - - num, cum san-ctis tu - is in æ -
A.
- num, in æ - ter - - num, cum san - ctis tu - is in æ - ter - - - num, in æ - ter -
T.
num, cum san - ctis tu - is in æ - ter - - num, in æ - ter - num, in æ - ter -
B.
cum san - ctis tu - is in æ - ter - - num, cum san - ctis tu - is in æ -
Org.
6 – 3♮ – 6 6♯ 4 3 6 – 6 4 3♮ 6 6 4♮ 3♯ 6 6 6 7 6 5 6
67
70
Vn. 1 2
Va.
Vc.
Cb.

71
B. H. 1 2
Bn. 1 2
Tpt. 1 2
f
Trb. 1 2
Bass
Timp.
f
S.
ter - - - - - - - - - - num, in æ - ter - - - - - num,
A.
- num, cum san - ctis tu - - is, cum san - ctis tu -
T.
- num, in æ - ter - - - - - - - num, in æ - ter - num, cum san-ctis tu-is in æ - ter -
B.
ter - - - - - - - - - - num, in æ - ter - - - num, cum san-ctis
Org.
71
Vn. 1 2
Va.
Vc.
Cb.

75
B. H. 1 2
Bn. 1 2
Tpt. 1 2
Trb. 1 2
Bass
Timp.
S.
cum san - ctis tu - is in æ - ter - - num, cum san - ctis
A.
is in æ - ter - - num, cum san - ctis tu - is in æ - ter - -
T.
- - - - num, in æ - ter - - num, cum san - - ctis, cum san -
B.
tu - is in æ - ter - - - num, cum san - ctis tu - is, cum
Org.
75
Vn. 1 2
Va.
Vc.
Cb.

Adagio
78
B. H. 1 2
Bn. 1 2
Tpt. 1 2
Trb. 1 2
Bass
Timp.
S.
tu - is in æ - ter - - - - num, in æ - ter - num, qui - a pi - - - us es.
A.
num, cum san - ctis tu - is in æ - ter - num, qui - a pi - - us es.
T.
ctis, cum san - ctis tu - is in æ - ter - num, qui - a pi - - us es.
B.
san - - - ctis, tu - is in æ - ter - num, qui - a, qui - a pi - us es.
Org.
Vn. 1 2
Va.
Vc.
Cb.

www.ingramcontent.com/pod-product-compliance
Lightning Source LLC
Chambersburg PA
CBHW050351100426
42739CB00015BB/3360

* 9 7 8 1 6 0 8 7 4 2 3 9 4 *